Emilio López Medina

ORIGEN Y RAZÓN
DEL AFORISMO

1ª ed., marzo de 2025

φύσις κρύπτεσθαι φιλεῖ.
(Heráclito, DK B 123)

Colección φιλεῖ
Director: José Luis Trullo

Una iniciativa de Cypress Cultura
www.cypress.com.es

ISBN: 979-13-87504-05-2
Depósito legal: SE 3068-2024

Thema: QD Filosofía

IMPRESO EN LA UNIÓN EUROPEA

ÍNDICE

Nota del editor, 7

Aforismo y filosofía:
un balance histórico-conceptual, 11

Claves de la razón aforística, 31

Aforismos sobre el aforismo y la filosofía, 57

1ª ed., marzo de 2025

φύσις κρύπτεσθαι φιλεῖ.
(Heráclito, DK B 123)

Colección φιλεῖ
Director: José Luis Trullo

Una iniciativa de Cypress Cultura
www.cypress.com.es

ISBN: 979-13-87504-05-2
Depósito legal: SE 3068-2024

Thema: QD Filosofía

IMPRESO EN LA UNIÓN EUROPEA

NOTA DEL EDITOR

Tras coronar varios ochomiles en los últimos años (congresos universitarios, apertura de un portal temático propio en la Biblioteca Virtual Miguel de Cervantes, traducción a los principales idiomas de cultura de la *Enciclopedia de Libros Españoles de Aforismos*), el aforismo español actual da un nuevo paso en su consolidación como género literario con la inauguración de la colección φιλεῖ. Desde su propio nombre –una alusión a Heráclito, uno de los referentes del género más breve–, la propuesta aspira a concitar la reflexión en torno a la naturaleza y los retos del aforismo, tanto desde una perspectiva estrictamente teórica como desde el ámbito creativo (tan necesitado de iniciativas que trastornen y revitalicen el marasmo en el cual, en nuestra opinión, se encuentra sumido ahora mismo).

Emprendemos camino con tres aportaciones de otros tantos autores firmemente comprometidos con el género, cada uno desde su propia práctica: Emilio López Medina, uno de los decanos del aforismo español, quien desde la filosofía ha apostado desde hace décadas por las virtualidades de la brevedad; Javier Recas, reputado teórico e investigador el cual ha cartografiado con rigor y dedicación las diversas anfractuosidades del aforismo universal; y Francisco Ferrero, aforista sumamente dotado que cruza la frontera que suele separar, a veces artificiosamente, la creación de la reflexión, para azuzar las conciencias adormecidas por el alud de estímulos positivos que han sonreído al aforismo en los últimos años.

Esperamos que esta nueva colección cumpla la función que se propone: plantear nuevos desafíos que conjuren el peligro de que aquello que se ha celebrado como una conquista histórica (el ingreso del aforismo en el selecto club de los géneros literarios dignos de plena consideración) no se acabe echando a perder por un uso desconsiderado de sus inmensas capacidades literarias y filosóficas.

Sevilla, diciembre de 2024

ORIGEN Y RAZÓN
DEL AFORISMO

AFORISMO Y FILOSOFÍA

UN BALANCE HISTÓRICO-CONCEPTUAL*

Es una idea común la de considerar que el aforismo está en el nacimiento mismo de la filosofía con los llamados Presocráticos, o, para decirlo de otra manera, que la filosofía originada en Grecia allá por el siglo VII-VI antes de Cristo, se nos presenta ya desde su inicio en forma de aforismos.

Habría que tener en cuenta, no obstante, que ese despertar, habitualmente atribuido a los filósofos presocráticos, hunde sus raíces más bien en la tradición de aquellos "maestros de sabiduría" de los siglos VII-VI a. C., entre los cuales encontramos, como más conocidos, los llamados Siete Sabios, que fueron prohombres de su tiempo con notoriedad

---

* Publicado con el título "Sobre la naturaleza filosófica y literaria del aforismo" en *Paideia,* 117 (2022), pp. 187-196.

por su saber y su inteligencia en el hacer práctico y político de la organización y dirección de la *polis*.

La lista de los Siete Sabios es variable y alguno de sus nombres coincide, en efecto, con la figura de los que llamamos ahora filósofos presocráticos, por ejemplo Tales de Mileto (quizás el único que no tuvo cargos políticos en sentido más o menos estricto, aunque de gran influencia en su ciudad), y de ellos, legendariamente se ha conservado un centón de sentencias y máximas de conducta, muchas de las cuales podrían ser del acervo común del pueblo griego.

Algunas de sus sentencias incluso llegaron a formar parte de las inscripciones del Santuario de Delfos (Templo de Apolo). Son sentencias presentadas sobre todo como principios de conducta y, por ello, esencialmente de naturaleza ética (tanto de la individual como de la colectiva), que comenzarán a dibujar el tema tan querido para los griegos de la virtud y la justicia, y que por lo tanto, en este estadio histórico, no se refieren a la *physis* o naturaleza de las cosas, cuestión ésta que luego marcará en propiedad la filosofía natural, propia de los Presocráticos.

De este templo de Delfos se nos han conservado 147 inscripciones, recogidas por Estobeo (Ioannes Stobaeus), un filósofo neoplatónico del siglo V d. C., la más reputada de las cuales es el conocido precepto "*Conócete a ti mismo*" [8], el cual, como se sabe, fue profusamente empleado por Sócrates y que aparecía en el frontón mismo del santuario, lo que da cuenta de la importancia que se le atribuía. Junto a esta inscripción, figuraban en el pronaos del templo otras dos sentencias que, por lo mismo, hacen notar su relevancia: "*Nada en exceso*" [38], que había sido formulada por Solón de Atenas, otro de los Siete Sabios, y "*La confianza trae la ruina*" (que podría hacerse coincidir con la conocida frase *"En la confianza está el peligro"*, atribuida a Tales de Mileto). Asimismo, encontramos la que luego será prácticamente la definición misma de la Filosofía: *"Hazte amante del saber"* [48]

En el resto de máximas, exhortaciones y principios se dan además otras coincidencias curiosas, por ejemplo, con los preceptos de las Tablas de la Ley (siglos XIV-XIII a. C.): *"Respeta a los dioses"* [3]. En las Tablas de la Ley se dice, como primer mandamiento, que ese respeto debe depararse a un solo dios: para el Dios Yahvé. *"No mates"* [51] sería análogo al quinto Mandamiento, *"Respeta a tus padres"* [4] al cuarto, etc.

Todo lo cual nos pone en la pista de la antigüedad de estas sentencias y preceptos, así como de la posibilidad de que todas ellas, como decíamos, pertenecieran, antes que a los Siete Sabios, al acervo cultural de pueblos de épocas más remotas. Es de destacar, sin embargo, que el hecho mismo de que en estos siglos VII-VI sean popularmente atribuidas a unos sabios y no tanto a una autoría divina, viene a constituir precisamente una de las marcas de la mentalidad filosófica: su independencia de la Religión. Es otra de las razones por las que nos planteemos estas normas de sabiduría como el verdadero comienzo de la Filosofía: no se fundamentan tanto en la inspiración religiosa cuanto en la razón natural o sentido común, aunque sean recogidas en un santuario. (No olvidemos en este punto que sus sacerdotes tienen como función principal, casi única, la ejecución de las ofrendas encomendadas por los fieles). Es por ello que estos preceptos, en lugar de religiosos, se expresen a modo de consejos sobre todo para la virtud, que para los griegos es antes que nada virtud ciudadana y, en definitiva, virtud en y para la *polis*, lo cual en aquellos momentos era lo mismo que decir para la tribu.

(A este propósito, recordemos la división en tribus del pueblo griego, que se presenta en la *Ilíada* y la *Odisea* o, como caso más conocido, la composición en tribus del pueblo de Israel).

Según esto, como decíamos al principio, quizás habría que matizar la idea de que la filosofía nace de los Presocráticos y en forma de aforismos. Y es que, por lo anterior, estamos en disposición de afirmar que su comienzo debería retrotraerse a estadios anteriores, pues el pensamiento libre de la religión no habría sido inaugurado por ellos, sino por dichos maestros de sabiduría, y su forma de expresión propia sería más bien lo que conocemos como *sentencias*.

En cuanto a los Presocráticos propiamente dichos, no se puede negar que con ellos surge ya un verdadero *corpus* filosófico que, respecto de estos elementos de sabiduría de los Siete Sabios, tiene las siguientes características esenciales, que lo distinguen:

—es un pensamiento que no solo abarca el aspecto ético-moral, sino que trasciende al mundo de la Naturaleza,

—aunque generalmente se nos presente de forma fragmentada (lo que solemos llamar *aforismos*, que vienen a ser más bien los fragmentos que se han conservado de conjuntos sistemáticos más extensos), su pensamiento gira en torno a un único tema principal: normalmente, el de la constitución natural de las cosas (*physis*) y el Principio (*arjé*) del que todas se originan y constituyen.

Este último es el caso de Tales ("el primero de los que filosofaron", en expresión de Aristóteles), según el cual el Agua constituye ese *arjé*, para postular lo cual da explicaciones de la razón natural (no sobrenatural): el agua es necesaria, donde hay agua se forman seres vivos, etc. Se suele decir que con él comienza el avance filosófico, pues en efecto bastó con entrar en polémica con estos supuestos para que se fuera desarrollando el hilo del progreso filosófico y científico, cuyo impulso inicial viene dado por el ejercicio de la nuda razón, que, como se ha reiterado, es el distintivo de la filosofía.

De esta manera le seguirá de inmediato, en polémica con él, la filosofía de Anaximandro, para quien el principio de la cosas no puede ser algo tan concreto como el agua que, entre otras razones, ni siquiera se sostiene a sí misma (pues Tales de Mileto postulaba que la Tierra era un gran "plato" que flotaba sobre ella), sino que ese principio ha de ser algo indefinido, un *Apéiron*, una sustancia común originaria tan indefinida, tan poco concreta como para que de la misma viniera a constituirse la diversidad, incluso la propia agua y todas las cosas. A lo que responderá la Filosofía de Anaxímenes proponiendo el Aire como esa sustancia, en cuanto tan necesaria como el agua y que no requiere ningún tipo de sostén, etc.

Aunque se trata de un pensamiento que por lo común nos ha llegado en fragmentos, estos hay que suponerlos por necesidad inscritos en una concepción más general y vertebrada. No en vano algunos de estos filósofos escribieron obras acabadas en el pleno sentido de la palabra, de las que en algunos casos solo se ha conservado su título, normalmente bajo el rótulo genérico de *Sobre la Naturaleza*.

El caso prototípico es el de Heráclito, del que podemos recomponer su filosofía transmitida a través de sentencias, y así saber que para él ese principio de las cosas es el Fuego, con el que da cuenta de otra propiedad de la materia que hasta entonces no había sido tratada: el movimiento constante (devenir) de la Naturaleza y sus leyes (las leyes dialécticas de la oposición), según un *Logos* (razón) que penetra ese fuego:

Este cosmos, el mismo para todos los seres, no lo hizo ninguno de los dioses ni de los hombres, sino que fue siempre, es y será fuego eternamente viviente, que con medida se enciende y con medida se apaga. [30]

La guerra [el conflicto] es el padre de todas las cosas. [53]

Hay que enfatizar este hecho de que los filósofos presocráticos, como estamos viendo, no dejan de organizar su pensamiento en forma de máximas y sentencias. En este sentido, un caso más depurado aún es el de Parménides, que llega a construir toda una filosofía vertebrada rigurosamente mediante preceptos de carácter metafísico, enlazados según su sentido lógico, en su poema *Sobre la Naturaleza*, donde, tras una introducción en la que describe el viaje que el autor emprende en busca de la verdad, penetra en su ámbito donde esta le muestra la diosa que le abdujo hasta ella. Y así se revela:

> *Te diré cuáles son los únicos caminos que se pueden pensar:*
> *Uno: lo que es, y no es posible no ser.*
> *Otro: lo que no es, y que es necesario no ser.*
> *Lo mismo puede ser y pensar.*
> *Observa cómo, estando ausentes, para el pensamiento las cosas están presentes.* [1044-1046]

Con todo ello se pone de relieve que la vinculación entre el pensamiento breve de carácter sentencioso y la Filosofía como fondo significante está plenamente consagrada, incluso en su expresión formal.

En resumidas cuentas, y volviendo al comienzo, la idea de que el *aforismo* nace con los filósofos presocráticos es una generalización que cuanto menos merece ser precisada. Y es que, por lo que estamos viendo, la forma de expresión inicial es la sentencia, y surge, antes que en los que comúnmente llamamos filósofos presocráticos, en la sabiduría de los Siete Sabios y en las inscripciones de Delfos (bien que recogida muy fructíferamente por estos Presocráticos).

El concepto de *aforismo* como tal, aunque también aparece en esta época empleado por Hipócrates (460-370 a.C.), nace con un sentido completamente distinto al de las sentencias o aseveraciones tradicionales que hemos tratado, pues la palabra *aphorismós* –derivada del griego *horos* (marcar) y *apo* (fuera), es decir, "marcar por fuera", "delimitar" (un concepto)– es en esa época la forma de aludir a lo que nosotros llamamos *definición* (a su vez, del latín "finis", límite): en particular definir un hecho o una regla para la práctica de la Medicina.

Y justamente también en este campo de la Medicina nos vamos a encontrar con el caso paradigmático de cómo, en virtud precisamente de la viveza del lenguaje y su desarrollo, el concepto mismo de aforismo va transformándose poco a poco cuando otro médico, Galeno, ya en el siglo II-III d.C., ha extendido su significado más allá de la Medicina. Como afirma en su tratado sobre Cirugía:

El aforismo es una fuente de doctrina que brevemente declara la propiedad de las cosas.

Con esto podríamos destacar, primero, que el aforismo ya se concibe como aplicado a campos fuera de la Medicina y, segundo, se le asigna la característica de la brevedad (en la línea de las antiguas sentencias), rasgos que ya no le van a abandonar. Galeno nos está caracterizando el aforismo como se podría (casi) definir ahora.

A su vez, la sentencia misma, que comenzó en forma de rígido precepto con los Siete Sabios, poco a poco va dulcificando su estilo haciéndose cada vez menos cerrada y lacónica: por ejemplo, se pasa de la exhortación "Examina tu carácter" [Stob. 54] de las inscripciones de Delfos al cuestionamiento filosófico del concepto ("El carácter del hombre es su destino" [Heráclito, Dk. B119]) o bien del "Conócete a ti mismo" [Stob. 1] al de "A todos los hombre les está concedido conocerse a sí mismos y ser sabios" [Dk. 116] de Heráclito. De igual modo, va abriéndose no solo a la ironía ("El Destino es un niño que juega a los dados" [Heráclito, Dk. 52]), sino incluso a la lírica, como es el caso del Proemio de *Sobre la Naturaleza* de Parménides [1033] y, en general, haciéndose de este modo una expresión plenamente abierta y más extensa con la filosofía helenística. Así, por seguir con el desarrollo de este tema señalado del Destino:

No hay hombre superior a aquel que se burla del destino, considerado por algunos señor absoluto de todas las cosas, y afirma que algunas suceden por necesidad, otras casualmente y que otras, en fin, dependen de nosotros, porque se da cuenta de que la necesidad es irresponsable, el azar inestable y, en cambio, nuestra voluntad es libre y, por ello, digna de merecer repulsa o alabanza.
[Epicuro, Carta a Meneceo, 132-134]

Esta es una forma de expresión que está ya muy cerca de lo que ahora llamamos ensayo, y de esta manera logra un lugar propio en la Filosofía y la Literatura. Este ejemplo nos permite constatar la posibilidad de enlazar diversas sentencias y aforismos construyendo unidades de pensamiento más amplias, técnica que será empleada profusamente por nuestro Gracián en su *Oráculo manual* y, hasta cierto punto, por Nietzsche… ello por no extendernos a Wittgenstein y la construcción de su *Tractatus lógico-philosopicus*.

Así, de esta manera tan natural, la sentencia tradicional, que ha ido modulando su rigidez inicial y enriqueciéndose en matices, y el aforismo, que ha ido moldeando su concepto y ampliando su campo semántico más allá de los límites hipocráticos, se encuentran. En este encuentro, el aforismo termina por asimilar el concepto de sentencia, precipitándolo a su fondo semántico, pero por ello integrado en su núcleo "duro" y formando desde entonces un bloque conceptual, al que la sentencia llevará su carácter filosófico y su exigencia de brevedad. Es por todo esto que en el aforismo encontramos esas dos caras de un fundamento filosófico y una expresión más amplia y menos austera que la sentencia, y la razón por la que –aunque los aforismos no sean sentencias en sentido estricto– las sentencias pueden designarse en propiedad con la palabra *aforis-*

mo. Tanto es así que la RAE viene a identificar a ambos, definiendo el aforismo en su Diccionario de la Lengua como *"máxima o sentencia que se propone como pauta en alguna ciencia o arte"*.

Hay que incidir en que, sin ese asiento filosófico original derivado de la sentencia, el aforismo a duras penas encontraría su significado propio, de manera que en su ausencia cualquier expresión breve, por ejemplo de carácter lírico, difícilmente podría ser considerada un aforismo (y no simplemente un verso suelto, una estrofa poética, un haiku o, en general, un ejercicio de prosa o un juego de palabras).

Por lo demás, en cuanto matiza la rigidez de la sentencia, y por esa versatilidad adquirida, el aforismo se constituye en una forma de expresión que se aproxima a cualquier tipo de lenguaje y puede ser adoptada por todas las variedades literarias (la prueba más evidente es que numerosas antologías aforísticas están compuestas por frases tomadas de otros géneros: del teatro, de la novela, etc.). Se convierte así en una magnífica herramienta y en un arte, no ya solo filosófico, sino también, y en función de esa naturaleza sentenciosa y su brevedad, del mismo lenguaje poético, del cual, como hemos visto, está impregnado desde sus inicios. Es en virtud de este aspecto por lo que puede haberse suscitado la (falsa) división entre aforismos de índole filosófica y aforismos de índole poética… a no ser que se quiera decir con ello que predomina un "sentir" o unas formas de expresión en un caso sobre el otro. Con esto, obviamente, no se postula que la filosofía o la poesía deban adoptar el aforismo como un estilo propio, sino que el aforismo, teniendo su modo de expresión específico, puede manifestar un pensamiento o un sentir poético con un fondo filosófico. Por decirlo en pocas palabras, se trata de que la filosofía o la poesía pueden tomar la *forma* del aforismo.

Por todo ello, estamos finalmente en disposición de definir a nuestra vez el aforismo según las siguientes características que ha ido acumulando a lo largo del tiempo:

a) es un pensamiento *breve* (por ese fondo heredado de las sentencias y máximas iniciales y de las definiciones de Hipócrates). Ahora bien, como esa brevedad pronto se hizo más extensa, tal vez fuera más acertado sustituir esta exigencia por el concepto de *pensamiento completo* con sentido propio (más o menos extenso).

b) tiene un fondo filosófico que le caracteriza desde su nacimiento frente a otras formas de expresión. De modo que no se trata de meras descripciones (breves) de sentimientos, vivencias… que vengan a invadir a su vez el terreno de la poesía, de la prosa poética, etc. (aunque, en la práctica, sea más bien al contrario).

Finalmente, plantearemos una definición aún más breve (como corresponde):

Aforismo es un pensamiento completo, de carácter filosófico y estructura sucinta, que admite formas de expresión variadas (señaladamente, sentenciosas o poéticas).

CLAVES DE LA RAZÓN AFORÍSTICA*

Preámbulo

Es tradición de la Filosofía buscar los fundamentos de verdad de los conocimientos en función de los parámetros epistemológicos por los cuales unas afirmaciones en un campo determinado del saber se insertan en ese campo del saber, así como en las condiciones y el grado de certidumbre que pueden contener sobre la realidad. Todo lo cual da razón de su verdad.

Tradicionalmente este quehacer se ha dirigido sobre todo a los conocimientos más estereotipados de las ciencias positivas y, en general, de las Ciencias de la Naturaleza. Sin embargo, poco a poco se

---

* Texto de la ponencia presentada en el curso del II Congreso Nacional de Humanistas, celebrado en 2021 en la Universidad Complutense de Madrid.

fueron abriendo paso planteamientos sobre los fundamentos de otras formas de saberes en relación con las diversas formas que la realidad tiene de presentarse y que no se limitan a los parámetros positivistas: en particular, y ante ellos o acompañando a ellos, los saberes de la las Ciencias Humanas. Es así como se ha llegado a poner de manifiesto, más allá de las verdades de carácter físico-matemático y deductivo, los fundamentos de las verdades –las razones– referidas a la vida (razón vital) o a la historia (razón histórica), como hizo Ortega y Gasset, o incluso una razón poética, como en el caso de María Zambrano. Y ello por referirnos solo a la filosofía española.

Aunque la sistemática suele exponerse estableciendo esos fundamentos para explicar los resultados, la investigación de hecho suele formularse a la contra: es decir, no tanto exhibiendo esos fundamentos para explicar las verdades, cuanto exhibiendo esas verdades para retrotraerlas hacia sus fundamentos. De modo que la cuestión podría ser planteada a la inversa preguntando: ¿por qué se dice del aserto de un saber que es verdad o no? ¿Cuáles son las condiciones que soportan su verdad? En definitiva, ¿cuál es la razón por la que ese aserto contiene una verdad sobre la realidad? ¿Cuáles serían las características de esa razón?

Pues bien, de la misma manera que, como hemos dicho, en algunas ciencias humanas se han exhibido las razones de su consistencia epistemológica, nos preguntamos si sería posible poner de relieve los apoyos de una razón aforística para las verdades que se exhiben en el aforismo, es decir, en la forma de aforismo. Dicho de otra manera, si consideramos que un aforismo está cargado de verdad sobre la realidad, sobre la vida o el hombre, ¿cuáles serían los soportes epistemológicos de esa verdad para así considerarla un conocimiento con estatus propio? O, planteada la cuestión de forma directa, ¿cuál es la razón, los fundamentos epistemológicos, por los cuales decimos que un aforismo, un refrán o un apotegma es verdadero o contiene o encierra una verdad: la verdad del aforismo? En definitiva, ¿cuál es su razón, su razón aforística?

Si lográramos responder esta pregunta habríamos dado al aforismo quizás el estatus formal de conocimiento propio del campo de las Ciencias Humanas.

* * *

En el hombre, junto a una capacidad de tomar conciencia de la realidad, se da al mismo tiempo una facultad de discurrir juicios y conclusiones sobre el mundo. Esta facultad, subsiguiente a la anterior, es a la que, de un modo general, denominamos *razón*.

Aunque los principios que articulan tales juicios y conclusiones sean también estudiados en sí mismos, constituyendo la ciencia que denominamos Lógica, es de su naturaleza que esta razón y su lógica, en cuanto que se aplica a la realidad, deja de ser una razón en el vacío buscando una correspondencia con la naturaleza y el devenir mismo de las cosas, que a su vez tienen una forma de presentarse, estructurarse e interactuar independiente en su propia existencia. Y aquí radica el punto crucial de la epistemología: en el punto de coincidencia entre las leyes de la razón/lógica del hombre y las leyes de la razón/lógica de las cosas, que permite establecer una ciencia –un conocimiento estructurado– sobre la realidad, al que llamamos verdad. Así, por ejemplo, la razón –en el caso prototípico de la razón deductivo/matemática– se aplica a la dinámica misma del movimiento de los cuerpos, dando lugar a las leyes de la mecánica o, más allá, a las leyes de la gravitación, que serían los puntos de encuentro en que ambas, razón humana y la razón/la lógica de las cosas, caminarían al unísono. Todo lo cual está suponiendo, por tanto, que existe (más bien, "debe existir") una coincidencia entre la razón del hombre y la razón –la lógica– del mundo.

La búsqueda de tal coincidencia (o coincidencias) configuran el largo camino del conocimiento y la ciencia, que, desde un punto de vista histórico y sistemático tendría su arranque en la pregunta previa de cómo y por qué existe o debe existir esta coincidencia entre las leyes de la razón del hombre y la razón/lógica de la realidad.

Los griegos la resolvieron en el inicio mismo de la filosofía planteando que esta coincidencia es posible solo porque se trata de *una misma razón*: un Logos que penetra (o es) toda la realidad, incluido el hombre, quien participaría de ese Logos Universal. Quizás el caso más claro está en la filosofía de Heráclito, para quien ese Logos es el principio que rige el devenir de la Naturaleza y la estructura en leyes (en su caso, dialécticas). Los estoicos incluso llegaron a considerarlo como divinidad.

Pero la noción de Logos en la cultura griega es también, en la misma medida y por esa participación del hombre en el Logos Universal, una noción que une el concepto de palabra articulada, palabra sujeta a leyes (es decir, la lógica de la palabra, la palabra inteligente) con la articulación de las cosas mismas, con la lógica de las cosas: de ahí la vinculación de la parte de inteligibilidad de la realidad con la parte que se intelige y muestra en la palabra.

Esta peculiaridad es la que ha predominado históricamente en la versión del término y ha hecho que *Logos* venga a trasladarse a lenguas romances ya desde sus inicios (sólo) como "palabra". Así, por remitirnos al caso señero de la traducción de los Evangelios, San Jerónimo en su Vulgata transcribe como *Verbum* el concepto de *Logos* en el comienzo mismo del Evangelio de San Juan, evangelio que en la versión original dice: "En el principio era el Logos... y el Logos era Dios", pero que San Jerónimo traduce: "En el comienzo era el Verbo... y el Verbo era Dios". Quizás San Jerónimo había comprendido las consecuencias de mantener en el texto la palabra *Logos* en toda la amplitud de su significado y lo redujo a este otro concepto (palabra), que así individualiza y separa el concepto de Dios respecto de la carga de realidad que lleva el término original.[1]

La escisión paulatina del concepto original de *logos* entre lógica de la palabra y lógica de la realidad se había venido gestando ya desde la Filosofía Ática. Precisamente en función de este carácter lingüístico –y, por tanto, humano– del término será cuando este *logos* único comience a ser disociado y se inicie así una distinción entre una razón específicamente humana y una razón de las cosas. Razón humana que llega a adquirir finalmente entidad propia como una de las facultades del alma, sobre todo en los planteamientos de la Filosofía Cristiana.

Es de esta manera que la Historia de la Filosofía tomó sobre todo la línea de la reflexión sobre esta razón humana escindida de esa unidad original del Logos presocrático, dando lugar así a considerar que el camino del conocimiento no sería más que una búsqueda de ese *logos* de las cosas coincidente necesariamente con el *logos* humano, coincidencia que constituiría la verdad. Por eso, toda la filosofía que sigue a la de los Presocráticos es, al mismo tiempo y paradójicamente, un intento de explicación de cómo puede restituirse aquella "unidad perdida" en una búsqueda incesante de puntos de coincidencia. Esta búsqueda del *logos* de las cosas y sus puntos de coincidencia (las verdades) constituye el largo camino del conocimiento.

Pues bien, existen muchas maneras por las que el *logos* humano trata de acercarse al *logos* de la realidad. Esos caminos presentan varias perspectivas epistemológicas de aproximación que, desde el punto de vista historiográfico, exhiben las que finalmente podrían ser catalogadas como diversas formas de razón que, con ello, se supone constituyen a su vez el *logos* de las cosas. Dicho de manera inversa y breve, el *logos* real se expresa en esas diversas razones: razón físico-mecánica, metafísica, histórica, vital (y pronto puede que hasta se hable de una razón de la inteligencia artificial). Y si desde este punto de vista se presenta incluso una razón poética, ¿por qué no, con más motivo, una razón aforística, como hemos preguntado inicialmente?

Así pues, con estos presupuestos se plantea la cuestión de una descripción de los elementos epistemológicos que determinarían esta razón aforística, fundamento de su verdad, o, lo que es lo mismo, la cuestión de las características de esa razón. Formulado todo de una manera llana en forma de pregunta: ¿por qué se considera verdad un aforismo o los aforismos? Describir esa razón sería describir o establecer los criterios de verdad de los aforismos.

Veamos cuáles serían las características que fundamentan el valor de verdad del aforismo:

–Respecto del campo de la realidad en que se exhibe, esta razón se presenta en unos hechos que, de la misma manera que en el caso de la razón poética, son productos de carácter literario: específicamente aforismos, sentencias, adagios, refranes…

–Los contenidos de sus aseveraciones son el resultado de una experiencia con la realidad. Los aforismos son producto de una aproximación a las cosas, en contacto vivido con ellas, buscando y recogiendo su lógica, su razón, y exponiéndola en sentencias apropiadas. Los aforismos no forman por ello un discurso deductivo, en cuanto que no parten de unos principios axiomáticos o apodícticos, sino que sus hallazgos son individualizados en cada caso.

–Tienen una lógica estructural propia. Si unos hechos pueden vertebrar o ser vertebrados en una lógica estructural propia, entonces tal lógica es la razón epistemológica de esos hechos. Específicamente, si los aforismos se vertebran según una lógica estructural, entonces ésta constituye su razón característica: la razón aforística, que, dicho sea retomando el hilo inicial, sería una de las formas de aproximarse a ese logos contenido en los hechos reales. Esta lógica estructural es quizás el rasgo más distintivo y está basada en los siguientes elementos:

a) Como distinto de un fundamento deductivo, propio de la razón deductiva, el fundamento de los aforismos es sobre todo un fundamento *inductivo*. En este punto podríamos trazar una comparativa con la razón vital de Ortega y Gasset y la razón poética de María Zambrano: Ortega quiere con su razón vital ir más allá de la razón cartesiana y plantea una razón no restringida solo al campo racional, sino entroncada, entrometida, con la Vida y la Historia. Por su parte, Zambrano concibe su razón poética como una forma de conocimiento que abarque los distintos saberes, superando, del mismo modo, la estricta razón racionalista.

En esta línea, una *razón aforística*, dado que se refiere en su fundamento a hechos del hombre y de su vida, tampoco puede, por constitución, ser establecida como una razón deductiva, en cuanto que las verdades sobre el hombre, su vida y su conducta no pueden deducirse desde principios generales: cada hecho humano es individualizado, atomizado y distinto de otro y así, como hemos dicho, dependiente de la experiencia y no de verdades analíticas o apodícticas. Ni siquiera la razón poética o histórica pueden establecer reglas unívocas sobre la conducta del hombre. Es por lo que esta razón aforística solo podría instituirse como una razón empírica, es decir, derivada de la experiencia y, por tanto, de carácter inductivo.

b) Se constituye en una intuición *sintética*. Esta inducción del aforismo no se presenta al modo clásico, fundada en una comparación metódica de unos protocolos que se plantearan de una manera estereotipada y catalogable, sino fundada en la intuición: una intuición que proporciona en cada caso síntesis de las experiencias vividas por los hombres, que son variables, pero en las que se trata de intuir un fondo común. En definitiva, una *síntesis* que recoge y exhibe un sentido de los hechos. Esta intuición sintética de unos hechos conglutinados en torno a un sentido, es su característica más propia, y está proporcionada por la razón de ser de esos hechos: por su lógica, por su razón lógica.[2]

Su forma de intelección es la de una razón suficiente analógica. Esta forma de intelección que nos propone el aforismo, recogiendo el sentido que une las diversas experiencias, podría expresarse "en modo" Leibniz y catalogarla como su *razón suficiente*, es decir, que enlaza los diversos hechos de la experiencia en una razón (precisamente suficiente) que aquí, en lugar de tener un carácter de concatenación causal, se trata de una razón de semejanza: una *analogía*. Esta analogía lo es por ese sentido de los hechos que recoge el aforismo. Es decir, no se trataría de una razón suficiente para que se produzcan unos hechos –unos motivos en la realidad–, cuanto una razón suficiente para que los hechos puedan afirmarse. No sustituye, pues, como hemos reiterado, a una inducción clásica ni a una deducción: se trata de un caso de razón suficiente que podríamos decir "por analogía", una razón suficiente analógica, donde, dicho a la inversa, esa analogía se convierte en su razón suficiente. Y este es el fundamento de su verdad. De esta manera se obtiene la verdad del aforismo.

Es así como el aforismo plantea/descubre una verdad sobre el mundo y la vida, una razón común a las vivencias de los hombres con los hechos concretos, sintetizando un cúmulo de experiencias y descubriendo su lógica, su razón, su *logos*, que, *mutatis mutandis*, está expresada en proposiciones particulares; así encontramos –y por darle un tono más jovial a esta exposición tan severa–, desde la clásica sentencia "*festina lente*" hasta el simpático refrán "*vísteme despacio que tengo prisa*", un centón de apotegmas, proverbios, máximas… todas las cuales, apoyándose precisamente en su analogía, apuntan a un sentido que enlaza los hechos: capta la dirección a la que apuntan según su naturaleza y propiedades. Para el caso que nos ocupa, esa verdad sintética se concretaría en la verdad de que todo aquello que se haga aprisa saldrá mal... De un modo inverso, la razón analítico-deductiva estaría obligada, partiendo de la verdad de que todo saldrá mal, a deducir la necesidad de vestirse despacio, y ello cuando primero tendría que demostrar previamente, *a priori*, la verdad de que todo saldrá mal, lo cual no es posible, en cuanto que esa verdad se adquiere precisamente a través de los casos particulares que expresan los aforismos. La razón deductiva caería así en un círculo vicioso.

De modo que, mientras el *modus operandi* de la razón deductiva o razón que analiza viene a descomponer metódicamente los conocimientos (no los crean, no crean las verdades de las que parten), la razón aforística es una razón que crea conocimientos nuevos, que crea verdades: en este caso, y por seguir con el sencillo ejemplo propuesto, que todo me saldrá mal si lo hago aprisa. No desestructura verdades (aunque sea metódicamente) como hace la razón analítica (así, las leyes de la gravitación respecto de la verdad de partida de la constancia del movimiento de los orbes), ni repite lo sabido (como hace, por ejemplo, la matemática, que repite lo mismo en cada término de la igualdad, o como hace el mismo silogismo, que repite, particularizando, las premisas en la conclusión, como puso de manifiesto Francis Bacon), sino que construye conocimientos. Se trata, pues, esta razón aforística de una razón *sintética* y *constructiva* que, como hemos dicho, hace y recoge las intuiciones de la experiencia, experiencias que lo son de la vida y no tanto de la razón físico-matemática... Por lo tanto, la razón aforística no sería –y cumpliendo las exigencias de Ortega o de Zambrano– aquella razón deductiva o analítica que critican, ni en sentido fuerte (como la razón físico-matemática, por ejemplo) ni en sentido débil (como sería el caso del silogismo clásico).[3]

Es pues, de esta manera, que la razón aforística puede plantear –como en el caso de Ortega y de Zambrano para la razón vital y la razón poética, respectivamente– una forma de conocimiento, un camino distinto respecto de la razón cartesiana y racionalista, posibilitando –creando– una síntesis y no solo un análisis, incluso –más allá de la propia Zambrano– con el propósito de una *metasíntesis* de los saberes: en otras palabras, estas síntesis pueden ser elaboradas en síntesis más complejas cada vez, así como ser conexionadas con otras analogías del mundo del saber (y decir, por ejemplo, "el aforismo es la filosofía que no quiere dejar de ser arte, y el arte que no quiere dejar de ser filosofía", que requiere todo un cúmulo de intuiciones sintéticas anteriores, etcétera).

Aún más, es por ello que las verdades aforísticas alcanzan a convivir entre sí y yuxtaponerse a pesar de las incongruencias que puedan caber entre ellas. De ahí también su flexibilidad. Por ejemplo, al aforismo de Gracián *"Aquel que no reconoce a un necio nada más verle es necio también"* yo podría yuxtaponerle mis propias analogías y completarlo diciendo: "Yo no diría que aquel que no reconoce a un tonto nada más verlo es tonto también, sino aquel que no lo reconoce después de escucharle dos palabras seguidas..." o, cambiando el tercio: "Es tonto aquel que no reconoce a un tonto, pero aquel que no reconoce a un discreto es más tonto todavía...", haciendo así verdaderos ejercicios literarios. Y ello porque no hay colisión en sus principios analíticos o apodícticos (excepto el Principio de No Contradicción que rige todo el mundo de la lógica que no sea dialéctica al modo de si se dijese "es tonto y no es tonto"), pero no tanto en otros como, por ejemplo, el Principio de Tercero Excluido ("es tonto o no es tonto"), que admite toda una amplia gama que, a su vez, da las gamas de los aforismos en sus asertos. Esta libertad del aforismo respecto del resto de los principios analíticos y deductivos (que exigirían, según el ejemplo, sujetarse a la naturaleza y características de los tontos a partir de las cuales hacer inferencias deductivas sobre ellos), junto con la libertad e "inexactitud" del principio de razón suficiente, es la explicación de su versatilidad y de su funcionalidad literaria, que posibilita su empleo en cualesquiera textos… Las formas cambian, pero el *logos* se mantiene.

c) Finalmente, y como rasgo distintivo de carácter formal, podríamos añadir que tal razón aforística que sintetiza la experiencia de las cosas y de la vida, expresa esas síntesis en enunciados que, de forma condigna, suelen ser de carácter breve (aunque no necesariamente).[4] Desde el punto de vista formal, pues, esta brevedad es el rasgo externo más distintivo, a diferencia de otros tipos de discurso o productos de expresión y de la Literatura, en particular el ensayo, de naturaleza más descriptiva (aunque estos productos pudieran participar ocasionalmente de algunas de las características citadas para el aforismo).

Y en fin, aludiendo a este su carácter formal y a su Preceptiva, digamos que los hechos literarios (es decir, las proposiciones lógico-lingüísticas) que caen bajo las características señaladas, pueden considerarse integrados o integrables en una razón aforística.

NOTAS

[1] De conservar el término logos en su integridad, es decir, englobando la realidad, San Jerónimo habría dicho "En el principio era la Razón... y la Razón era Dios", desembocando en una suerte de Panteísmo, como hizo Hegel, quizás por esa misma inspiración en el Evangelio de San Juan, estudiado y trabajado a fondo por el filósofo durante sus años de estudiante de Teología en el seminario de Tubinga. Incluso podríamos pensar que el Cristianismo habría derivado en un Panteísmo Racional parecido.

[2] Quizás con estas reflexiones podría ponerse de relieve y describir –y discutir– los problemas planteados modernamente con la llamada Inteligencia Artificial (IA): la im/posibilidad de que una máquina capte el sentido de los hechos reflejados en el mensaje, en su propio mensaje, y, en el caso que nos ocupa, del aforismo. Soy de la idea de que esta inteligencia artificial no podría hacer nunca un aforismo, sino sólo una combinación de

palabras que podrían imitar lingüísticamente un aforismo, pero que nosotros los humanos tendríamos que asociar a ideas y con ello cargar esas palabras de un sentido intencional. Dicho de otra manera: mientras que el aforismo –expresión verbal– de la inteligencia natural (IN) se crea en torno a una unidad de sentido de los hechos, el aforismo de la inteligencia artificial (IA) se crea –lo crea el hombre– en torno a una combinación palabras (*flatus vocis*) que luego el hombre carga de sentido y asocia con los hechos. De modo que, si resultara alguna expresión de carácter aforístico, esta expresión sería fruto de la causalidad interna de un programa, no de unos hechos cuyo sentido se exprese, y que sólo podría hacer el hombre. Serían expresiones sin intencionalidad. La intencionalidad tendríamos que ponerla nosotros. Una máquina puede analizar, pero difícilmente sintetizar, para lo cual debería darle sentido a los datos. (A no ser que la síntesis esté programada, con lo cual volveríamos al principio). Es por lo que podemos decir que la máquina no es portadora de inteligencia. Y así, en último término es el hombre el que crea el aforismo porque es el que capta el sentido que proviene de unos hechos, que faltan en el "aforismo" de la IA. El aforismo de la IA no dice nada de la realidad: lo que "dice" lo dice el hombre sobre unas palabras vacías… Eso sí, el aforismo IA puede engañar por imitación con esas *flatus vocis*.

[3] En efecto, la razón deductivo-cartesiana analiza solo la razón de consecuencia. Por poner un caso extremo, la ley de la gravitación analiza el movimiento de los orbes desde el punto de vista matemático para llegar a la conclusión de las leyes de la gravitación. Pero no concluye, no sintetiza desde sus leyes, el movimiento regular de los planetas, que es precisamente la condición previa supuesta de sus análisis. O, por poner otro ejemplo, en este caso del silogismo clásico: del hecho que Sócrates y Manolo sean mortales no se deduce que todos los hombres sean mortales, sino al contrario: analiza algunos casos para confirmar lo que ya se sabe previamente en la condición de las premisas (ya dijo Bacon que la conclusión está contenida en las premisas, como hemos

referido) y, por tanto que con el silogismo no se descubre nada nuevo: que los hombres son mortales –que ya se sabía– o, en el otro caso, que la tierra se mueve con regularidad –que ya se sabía–. La razón deductiva es en definitiva también una razón que analiza, pero no sintetiza, sino que en todo caso exhibe las expresiones de los distintos escalones de ese análisis (a los que se acostumbra a llamar también descubrimientos).

[4] También podría decirse, desde otra perspectiva, que la razón aforística, en este nivel lógico-lingüístico, es una razón que traspasa, enlazándolos en su sentido, todo un conjunto de pensamientos expresados de forma breve conceptuados como aforismos o, en general, pensamientos breves.

AFORISMOS SOBRE EL AFORISMO Y LA FILOSOFÍA*

La filosofía es una reflexión mediante la cual toda materia extraña se hace próxima y familiar, y toda materia familiar y próxima se convierte en extraña.

*

Gracias sean dadas a quienes nos dieron su pensamiento en pocas palabras. Gracias por ello y porque en su brevedad no nos hicieron perder el tiempo para saber de ese pensamiento y formar con él nuestro propio juicio.

———————

*Extraídos del libro del autor *El mundo que se abre. 99 aforismos sobre filosofía.* Apeadero de Aforistas, Sevilla, 2021.

Los aforismos no son una sabiduría a raudales, sino, como se ha dicho alguna vez, una sabiduría gota a gota… Según esto, un libro de aforismos vendría a ser como el gotero puesto en la cabecera de la cama del enfermo.

*

El aforismo es el lugar de encuentro entre la Filosofía y el Arte. El arte del aforismo o el aforismo como arte… Digamos que el aforismo es la filosofía que no quiere renunciar a ser arte.

*

El hombre no se puede explicar: tendría que ser explicado por sus ideas y deseos, y éstos son cambiantes en cada cual y en cada instante. Por eso, sobre el hombre no pueden hacerse teorías universales: solo pueden hacerse aforismos, pues el aforismo nace necesariamente para el hombre y desde el hombre.

*

Un aforismo no es solo un pensamiento más o menos agudo que te asalta, el aforismo es también toda una cosmovisión que te asalta en forma de aforismo. Y es que el hombre es una consciencia, una caja de resonancia del mundo y de la vida.

*

El aforismo es un ente solitario. Únicamente en la soledad, fuera de contexto, adquiere toda su profundidad y hasta su belleza.